EPITRE

SUR L'ITALIE,

SUIVIE

DE QUELQUES AUTRES POÉSIES

RELATIVES AU MÊME PAYS,

Par Théodore DESORGUES.

Va donc Peuple vainqueur; mais respecte les arts,
Dont Rome décora ses superbes remparts ;
Une torche à la main , sur l'aveugle ignorance
L'inquiet despotisme affermit sa puissance :
Du fanatique Ali redoute les excès ;
L'homme libre se venge en laissant des bienfaits.

LES TRANSTEVERINS.

À PARIS,

An V de la République Françoise.

EPITRE
SUR L'ITALIE.

Tandis que ce flambeau dispensateur du jour
Du sage Confutzée éclaire le séjour,
Et guide à leurs travaux ces docteurs sans hermine,
Ces jaunes Mandarins, oracles de la Chine,
La nuit roulant vers nous son char silencieux,
Nous voile de son crêpe et partage les cieux.
Du céleste artisan tel est l'ordre immuable :
Le Carme est dans son lit quand le Bonze est à table.
Ainsi nous avons vu l'heureux flambeau des arts
Redonner la lumière au pays des Césars,
Affranchir la raison des liens de l'école,
Et du feu du génie épurer la parole,
Pendant qu'assujettis à de vils préjugés,
Dans la nuit de l'erreur nous languissions plongés ;
Et que le fanatisme enfant de l'ignorance,
De mystiques brouillards enveloppoit la France.

    Lorsqu'aux bords de l'Arno par ses vers éloquens,
L'amant de Béatrix enflammoit les Toscans,
Clopinel (1) allongeoit le roman de la rose,
Que Molinet plus fort refit depuis en prose.

A 2

Long-tems après, Villon (2) nous rimoit des rondeaux;
Dubois (3) à son lutrin rêvoit des chants royaux ;
Marot, valet de chambre, et bouffon et poëte,
Composoit triolet, balade, chansonnette,
Nous translatoit Ovide, et tournoit en gaulois,
Les couplets de David chantés par les Vaudois.
Saint-Gelais (4) du sonnet cherchant le cadre juste,
Torturoit Apollon dans ce lit de procuste.
Ronsard faisoit couler de héros en héros
Dans nos rois très-chrétiens le noble sang de Tros.
Plus triste que les vers, une aveugle science
Nous faisoit regretter la paisible ignorance;
Aristote et le pape, infaillibles tous deux,
Pour l'église et l'école armoient nos bons ayeux.
Fatale à leur repos autant que l'évangile,
La grammaire enfantoit une guerre civile,
Les arts étoient proscrits, et pour l'honneur de Dieu,
Les Juifs et les sorciers étoient jetés au feu.

Ah ! de ces bords ingrats volons dans l'Ausonie :
Des arts régénérés le sublime Génie,
Couché sur des débris, des marbres négligés,
Chasse enfin le sommeil dont ses yeux sont chargés,
Et relevant son front caché dans la poussière,
Comme un géant superbe il poursuit sa carrière.
Arrêtant dans son cours le tems qui fuit en vain,
Sur un vaste obélisque il repose sa main,
Elève un temple auguste, et par d'illustres veilles,
De la religion consacrant les merveilles,
Il dit à l'Univers : « Dieu règne ici par moi;

Adorez son pontife, et rampez sous sa loi. »
Bientôt au Vatican à sa voix il rassemble
Tous les talens surpris de travailler ensemble.
Du nerveux Michel-Ange il guide le ciseau ;
Du jeune Raphaël anime le pinceau ,
Rétablit ces palais, ces ruines antiques,
Ces monumens flétris par des mains fanatiques ;
Rend la vie à l'airain, aux dieux défigurés ,
Et reprend ces trésors, chefs-d'œuvres ignorés ;
Que le Tibre jaloux cache en son lit avare.
Plus puissant il ranime à la cour de Ferrare
Ces chantres immortels que par de longs travaux
Il enfanta jadis chez deux peuples rivaux ,
Et les enrichissant des trésors des vieux âges,
Il se surpasse encor par leurs divins ouvrages.
Sa main grava ces mots sur le marbre orgueilleux :
La Grèce eut un Homère, et Ferrare en a deux.
Enfin désespéré de ne plus les entendre,
Il soupire, se tait, et s'endort sur leur cendre.

Oui , les Italiens sont nos vrais bienfaiteurs.
Peut-être encor sans eux les nez de nos docteurs
N'auroient pas le plaisir de porter des lunettes.
Leurs miroirs ont d'abord brillé sur nos toilettes.
A leurs inventions l'on doit ces diamans,
Ces bagues , de nos doigts frivoles ornemens ,
Et jusques au papier, ce monument fidèle
Que dévore en passant une foible étincelle,
Et qui vainqueur du marbre à nos savans regards
Éternise en tout lieu le génie et les arts.

A 3

De la terre un Génois recula les limites ;
Un Toscan, Jupiter, doubla tes satellites ;
Du croissant de Vénus il enrichit les cieux,
Et de leur vrai système il avertit nos yeux.
Le François égaré par sa fausse physique,
N'eut jamais pu courir au fond de l'Amérique ;
Et ne penseroit pas que son léger pays
Voyage autour de l'astre à Josué soumis.

  Fort bien, me dira-t-on, nous vous rendons justice ;
Mais dès long-tems la France a battu sa nourrice.
Le siècle de Corneille et celui de Boileau ;
L'âge où brilla Voltaire, et Buffon, et Rousseau,
Ont vaincu l'Italie, et grâce à leurs poëtes,
Les François en tous lieux marchent sans interprètes.
Tout fléchit sous nos lois ; la raison et les vers
Avec nos étendarts parcourent l'Univers.
Par ses moines trompeurs l'Italie égarée,
De pieux préjugés est sans cesse énivrée ;
On y fait même encore des miracles, des saints ;
La vierge à Lorette reçoit des pélerins ;
Et malgré la physique et la philosophie,
Le sang de Saint-Janvier toujours se liquéfie ;
De ces bords malheureux on voit fuir les talens ;
Et Monsieur G.... vaut seul tous leurs savans.

  Il est vrai dès long-tems la raison nous éclaire ;
Un siècle de génie épura sa lumière ;
Nos triomphes sans nombre et les revers des rois
Du peuple souverain ont consacré les droits ;
Mais nous avons encor grand besoin d'indulgence.

Que de fois les dévots ont dominé la France !
Vous connoissez la bulle et ce diacre Pâris
Qui de convulsions nous berça dans Paris,
Rendit l'oreille aux sourds étonnés de l'entendre,
Et força les boiteux à sauter sur sa cendre.
Laissons-là Saint-Médard et ce recueil sacré
De miracles nombreux rédigés par Carré ;
Il en est de nouveaux : Oui vainement Voltaire
Terrassa par ses vers l'orgueil du monastère ;
Une divinité qu'on nomme faction,
Prête un appui fidèle à la dévotion.
D'autres inquisiteurs, par leurs fureurs gothiques,
Ont ramené la France à ses erreurs antiques ;
Le confessionnal succède à l'échafaud (5) :
M. . . apostasie, et L. . . est dévot.
Autrefois dans Paris un Carme et deux chapelles
Auroient suffi sans peine au culte des fidèles :
Douze temples offerts ne nous suffisent plus.
Que de prêtres gagés ! Que de missels vendus !
Pour célébrer la Vierge et ses profonds mystères,
A nos assermentés joignons nos réfractaires.
Dieux ! quels flots d'eau bénite aspergent les passans !
Pour nos vêpres l'Arabe a-t-il assez d'encens ?
On fait queue à l'église, à l'autel on se rue,
Et déjà le *pangé* retentit dans la rue.
Braschi par une bulle en rend grâces aux cieux,
Et nous cite en exemple à son clergé pieux.

O François ! voilà donc ce généreux délire
Et ces nouveaux succès que dut chanter ma lyre.

A 4

Quoi ! lorsque nos guerriers franchissant l'Appennin,
Egalent sur l'Adda les triomphes du Rhin,
Vous courez à la messe, et pour votre saint-père,
Vous osez en public prier la vierge-mère.
L'Italien déjà prévenant nos exploits,
Des caprices d'un prêtre a su venger ses droits.
A Naple on ne croit plus qu'à Saint-Janvier docile,
Le Vésuve épargnant le tombeau de Virgile,
Retienne au nom du ciel ses cailloux enflammés,
Et ses flots de bithume en son sein renfermés.
Que dans San-Genáro des sibylles étiques
Assiégent les autels de leurs cris fanatiques ;
Que ce troupeau rampant de femmes, de dévots,
Du saint dans un cristal baisent les tristes os,
Et de son sang glacé célébrant les prodiges,
De la main qui les paye adorent les prestiges ;
Naple désavouant ce miracle grossier,
Rit des moines, du pape, et du grand Saint-Janvier,
Brise le joug du Tybre ; et dans Rome étonnée,
Saint-Pierre attend encor sa lente haquenée.
Voyez-vous dans Prato ce généreux Toscan (6)
Braver sous le camail l'orgueil du Vatican ?
De la Sainte-Madone il abat les images ,
Condamne des dévots les crédules hommages,
Assiége les nonnains, les moines éperdus,
Supprime des couvens le dangereux abus,
Et réformant l'autel par d'utiles exemples,
D'un culte hospitalier il annoblit les temples.
L'Italie à sa voix reprend sa dignité ;

Le fanatisme a fui ; les arts seuls ont resté.

Tiraboschi , des arts éternise l'histoire (7) ;
Dans leur langue à Mantoue, *Andres* venge leur gloire (8) ;
Slop dans les murs de Pise interroge les cieux,
Et d'un autre Ouranos approfondit les feux (9) ;
Fontana de Florence enrichit le Musée.
D'un Galien nouveau Sienne est favorisée (10).
Turin nous a cédé son modeste Newton,
Ainsi qu'à sa patrie , infidelle à son nom (11).
Et toi, *Spallanzani* (12) , qui méprisas l'envie ;
Toi que Buffon éteint, rend plus cher à Pavie ;
La nature vaincue obéit à ta voix ,
Altère en ta faveur ses immuables lois,
Se livre en rougissant à tes yeux téméraires,
Laisse en proie à ton art ses innocens mystères ;
Et ta chienne étonnée en son fidèle sein,
Reçoit le germe heureux fécondé par ta main.
Et j'ai vu cependant la basse calomnie
Te suivre et te punir de trente ans de génie.
Tandis que loin des bords aux Musulmans soumis,
Tu venois dans tes bras presser tes vieux amis,
L'opprobre t'attendoit : au déclin de ton âge,
On osa te noircir d'un lâche brigandage.
Je te vis languissant , plaint ; mais abandonné,
Flétri par ton élève à ta perte obstiné.
Je te croyais heureux , respecté de l'envie ;
L'étranger pour te voir s'arrêtait dans Pavie...
Ah ! du moins à tes pieds ton zoïle abattu,
A rendu par sa fuite , hommage à ta vertu.

Si la haine jamais, souillant ma vie obscure,
Aiguisait contre moi les traits de l'imposture,
Spallanzani, dirai-je, à ses coups fut livré !
Au sein de son pays par lui-même illustré,
Volta paya ses soins par d'indignes outrages !
Je me rappellerai tes vertus, tes ouvrages ;
Contre la haine alors tu seras mon soutien ;
Je montrerai ton nom... qu'elle y joigne le mien.
    Heureux *Filangieri*, ta patrie étonnée
Redemande ta vie en sa fleur moissonnée.
La calomnie au moins n'en flétrit pas le cours ;
Le bonheur te sourit au dernier de tes jours.
Epié par l'envie, elle ne put t'atteindre ;
Tu meurs chargé de gloire et c'est nous qu'on doit plaindre
Tes écrits imparfaits sont encor pleins de feu ;
Et la France à ta mort croit pleurer Montesquieu.
    Ah ! que l'Italien doit chérir ta mémoire !
Que son indépendance eût rehaussé ta gloire !
A ce peuple affermi dans ses antiques droits,
Avec *Beccaria* tu donnerois des lois ;
Tu lui rendrois ses mœurs ; et l'antique Ausonie
Retrouveroit Numa dans ton fécond génie.
Ah ! du moins recueillant le fruit de tes travaux,
Elle prête à ton nom l'appui de nos drapeaux.
Que le dur Lycophron, s'armant contre le Tybre,
Prouve dans son journal qu'il ne peut être libre ;
Que les Transteverins et que les Transpadans
Ne furent point formés pour être indépendans ;
Qu'ils sont nés pour l'erreur, les sermons et les messes,

Les moines, les prieurs, les abbés, les abbesses,
Les ducs, les archiducs, les rois, et cætera :
Voilà mes chers amis ce qu'on décidera.
Jugeons mieux nos voisins. L'amour de la patrie
N'est point une stupide et vaine idolâtrie;
Il ne consiste point à garder ses travers ;
A n'admirer que soi dans ce vaste univers.
Brillans imitateurs de la volage Athènes,
Pour réformer vos goûts ayez des Démosthènes,
Et comme elle étendant les lois de la raison,
Dans la savante Egypte envoyez vos Platon.
Songez que la Toscane éclaira nos ancêtres ;
Allez, dans les vaincus vous trouverez des maîtres.
Jadis du Vatican ils bravoient le courroux,
Quand nos rois du pontife adoroient les genoux.
Formés par l'Italie, ah ! par reconnoissance,
Elevons la du moins dans notre indépendance.
Par intérêt peut-être on doit la seconder;
Son flambeau quelque jour peut encor nous guider.

FIN DE L'EPITRE.

LES POETES MODERNES
D'ITALIE.

FRAGMENT.

Pensez-vous qu'en fuyant cette terre classique,
Métastase ait fermé la lice poétique ?
Il est, il est encor des athlètes nouveaux
Qui céderont l'arène à de jeunes rivaux.
Contens de feuilleter *l'Arioste* et le *Tasse*,
Notre goût paresseux méconnoît leur Parnasse.
Faut-il nous prévaloir de nos dédains jaloux ?
Ignorer leurs travaux, est-ce un titre pour nous ?
    Oh ! combien de talens s'éleveroient encore,
Si Plutus sourioit à leur brillante aurore !
Et si l'oisiveté, fille de leurs climats,
Dans le docte vallon ne retardoit leurs pas !
Que de chantres vaincus par la molle indolence,
Ont soudain de la lyre abdiqué la puissance !
Voyez-vous *Bertola*, cet aimable enchanteur,
D'Young et de Gesner, heureux imitateur :
Qui jamais promit plus dès sa tendre jeunesse ? (13)
Ah ! que n'a-t-il tenu sa flatteuse promesse !

Lorsque du chantre anglais suivant les vastes pas,
D'un pape philosophe il pleuroit le trépas ;
Et lorsqu'il marioit sa voix mélancolique,
Aux champêtres accords de la flûte helvétique,
L'Italien ravi de ses accens divers,
S'étonnoit de son âge, et bénissait ses vers.
Malheureux ! qu'as-tu fait de ta lyre sacrée ?
Ton cœur a trop subi les lois de Cythérée.
Abandonne le myrthe, et par d'autres regrets
De la sombre élégie ennoblis le cyprès.
Vois-tu *Cesarotti*, sous sa plume fertile,
Ressusciter Homère, Agamemnon, Achille,
Et ce barde immortel, chantre et fils d'un héros,
Qui des Celtes guerriers célébra les travaux (14).
Que ne lui doit-on pas ? son facile génie
De chefs-d'œuvres sans nombre enrichit l'Ausonie :
Les Anglois, les François, les Grecs et les Romains,
S'embellissent encore en passant par ses mains.
Le doux *Savioli*, disciple heureux d'Ovide,
Pour Clio fuit Vénus, et Tacite est son guide (15).
Mais les grâces encor n'ont pu l'abandonner,
Et d'un double laurier je le vois couronner.
Alfieri par le Dante est conduit sur la scène,
Et d'une robe antique habille Melpomène (16) ;
Pindelmonte (17) à Moschus enlève ses pinceaux ;
La fable à *Pignotti* doit des attraits nouveaux ;
L'élégant *Parini* (18), digne rival d'Horace,
S'ouvre un double sentier au sommet du Parnasse ;
Et du goût méconnu justifiant les droits,

Au peuple poétique il dispense ses lois.
   Mais tandis qu'animé par la reconnoissance,
Mon luth de leurs accords rappelle la puissance,
Sur leurs rives déjà déployant nos drapeaux,
Bellonne avec sa foudre a lancé nos héros.
O toi qui les conduis dans les champs de la gloire !
Par de nouveaux bienfaits aggrandis la victoire ;
C'est peu d'avoir dompté du haut de l'Apennin
L'ambition de Vienne et l'orgueil de Turin ;
C'est peu que dans Lodi ta valeur intrépide
Ait franchi de l'Adda le passage homicide :
Fais plus : des chastes sœurs défends les nourrissons ;
Seconde leurs travaux, protège leurs moissons ;
L'Italie à ton cœur ne peut être étrangère :
Sans les fils d'Apollon ta gloire est passagère ;
C'est de leurs doctes mains que le front des guerriers
Reçoit son plus beau lustre et ses plus beaux lauriers.
Peux-tu du Mincio voir la rive fertile,
Sans te ressouvenir du berceau de Virgile ?
Que ne puis-je avec toi visiter ce hameau,
Cet Andès (19) où Titire enfla son chalumeau !
Ah ! de *Betinelli* console la patrie !
Verse en mon nom des fleurs sur sa tombe chérie.
Sa muse m'enflammant par ses derniers concerts,
Sous le toît de Virgile encouragea mes vers.
Combien le bon *Andrès* (20) chérira ta préseuce,
Andrès s'acquittera de ma reconnoissance.
   (21) Mais déjà d'autres soins appellent ta valeur,
Le Capitole attend ton bras libérateur.

Voilà jeune guerrier ta plus belle victoire ;
Fais dire à l'univers : Rome a repris sa gloire ;
Rends lui tous ses héros, ranime son déclin ;
Rome remplie encor de son premier destin,
Se lève, et te montrant ses augustes ruines,
Etend vers toi ses bras du haut de sept collines.

CARACTÈRE

DES DIFFÉRENS PEUPLES D'ITALIE.

FRAGMENT.

Sage Betinelli (22), quel funeste Génie,
De ce vaste univers détruisant l'harmonie,
A dit : « Peuples nombreux à mon pouvoir soumis,
» Soyez tous séparés, soyez tous ennemis.
» Déjà les monts, les mers, divisant vos frontières,
» Elèvent entre vous de puissantes barrières ;
» Je vous ai distingués par diverses couleurs,
» Par les opinions, le langage et les mœurs ;
» Je vous donnai des lois, un culte, et des Fetiches,
» Des saints, des bacheliers, des muphtis, des derviches.
» Je fis plus : Je voulus que la religion,
» Ce lien fortuné de chaque nation,
» Qui devoit vous unir d'une amour fraternelle,
» De vos sanglans débats fut la source éternelle.
» Je voulus que dans l'Inde, un Talapoin sournois
» Bénît ses éléphans (23), et maudît les Chinois ;
» Que le Guèbre, fidèle à l'astre qui le brûle,
» Mît par zèle en enfer le Tartare incrédule ;
» Que le fier Musulman, charmé de ses houris,

» Du prophète aux chrétiens fermât le paradis,
» Et qu'un dur Franciscain sous son large capuce,
» Damnât tout mécréant privé de son prépuce.
» Bien plus : je séparai tous ces faibles mortels,
» joints par les mêmes lois, par les mêmes autels;
» Pour mieux rompre leurs nœuds je m'unis à l'envie,
» Et j'enfantai soudain l'adroite calomnie,
» Qui nourrie en naissant par la crédulité,
» Ne s'abreuva jamais dans les flots du Léthé.
» A peine elle parut, sur les deux hémisphères
» On entendit siffler ses sinistres vipères.
» O malheureux mortels ! vains jouets de l'erreur !
» Qui pensez follement arriver au bonheur,
» En vain vous m'opposez des actions sublimes,
» Je donne à vos vertus l'apparence des crimes;
» J'abuse le présent, je corromps l'avenir,
» Et ravis au tombeau l'espoir d'un souvenir ».
    Abbé, depuis le jour où ce fatal génie,
Contre nous par ces mots arma la calomnie,
Par tous ses habitans ce monde déchiré,
A quels affreux malheurs ne fut-il pas livré !
Anglois, François, Germains, Italiens, Ibères,
Nous jurons notre perte, au lieu de vivre en frères:
Hé ! du même limon ne sortîmes-nous pas ?
Le vice est dans les cœurs et non dans les climats.
    Je sais que dans Paris plus d'un docteur décide
Que par de-là les monts le peuple est fourbe, avide,
Qu'il faut s'en méfier, et que l'Italien
A beaucoup trop d'esprit pour être homme de bien.

B

Là, dit-on, le mari toujours sombre et farouche,
De la beauté volage ensanglante la couche.
Hé, mon cher *Parini !* ces chevaliers servans,
Ces Sigisbés de Gênes, et ces *Ganzes* Toscans,
Bien mieux que tes beaux vers surchargés d'ironie,
Devroient désabuser ma crédule patrie.
Volons dans ces climats de nous trop dédaignés,
Chez ces peuples voisins par leurs mœurs éloignés ;
Nous pourrons de leurs goûts marquer les différences,
Et de leur caractère observer les nuances.
Abbé, dis quelle main grava ces traits constans
Qui passent d'âge en âge, et triomphent du tems.
Quel sentiment à Naple anime tant le geste ?
Rend le Lucquois si vain, le Lombard si modeste?
Donne au Vénitien un air mystérieux ?
Et réveille à Bologne un goût industrieux ?
Dis pourquoi le Romain, fier dans sa servitude,
Garde du peuple-roi la sévère attitude.
Pourquoi le Florentin politique et rusé,
Sous de brillans dehors porte un cœur déguisé ;
Pourquoi le doux Siennois, plus attentif à plaire,
Des François en Toscane offre le caractère ;
Pourquoi le Piémontois, joueur triste et dévot,
A la main sur l'épée et prend feu pour un mot ;
Et pourquoi le Génois, chef de l'agiotage,
De l'argent qu'il calcule ignore encor l'usage.
Est-ce donc le climat, ou les lois, ou les mœurs,
Qui règlent leurs penchans, leurs goûts, et leurs humeurs?
Docte abbé, réponds-moi ; la sage expérience

A depuis soixante ans raffermi ta science ;
Cet air que respiroient les Deces , les Brutus ,
Qui dans leurs cœurs brûlans nourissoit les vertus ,
Souillé du souffle impur des cagots et des mimes,
Pourroit-il aujourd'hui n'enfanter que des crimes ?
C'est le gouvernement, les préjugés, les lois ,
Qui de l'honneur à Rome ont étouffé la voix.
Oui ; mais dans ces climats où règne la nature ,
N'est-il plus de vertus qui bravent l'imposture ?
Les Gracques , les Catons , ces esprits généreux ,
Pourroient peut-être encor entrevoir dés nevéux ;
Que dis-je ? dans ces murs qu'opprime un culte avare ,
Ils pourroient en trouver même sous la thiare.
Ta mort, Ganganelli, réveille nos douleurs ;
Tu revis dans l'airain , et sur-tout dans nos cœurs ;
L'Anglois cherche ta cendre et de ses pleurs l'inonde ;
Un grand homme est l'ami, le citoyen du monde.

ODE

SUR ROME.

Ils sont venus ces jours prédits par les oracles,
Ces jours où l'Ausonie, école des humains,
Consacrera ses droits par de nouveaux miracles,
Et de sa chaîne antique affranchira ses mains.

Fière de nos exploits, déjà l'aigle romaine
Du haut du Capitole appelle les François;
La liberté s'éveille, et la lyre thébaine
Redemande à chanter ses augustes bienfaits.

O généreux guerriers ! par des palmes nouvelles
Justifiez encor mes chants victorieux ;
A mon premier espoir si vous fûtes fidèles,
Vous saurez accomplir le second de mes vœux.

Déjà réalisant ma lyre prophétique,
Tels qu'un torrent fougueux roulant du haut des monts,
Vous avez reconquis la terre poétique,
Et l'arbre de Virgile a couronné vos fronts.

En vain pour asservir nos hautes destinées,
L'Autriche a soulevé des bataillons nouveaux ;
Et de Beaulieu vaincu les hordes mutinées,
D'une forêt de fer entourent nos héros.

Mantoue avec douleur, du haut de ses murailles
Contemple sa fortune et le destin des rois.
Mon luth ne peut suffire à cinq jours de batailles,
Et Clio se fatigue à tracer nos exploits.

Tout fier de tes soldats et de ta renommée,
Tu disois, ô Wurmser, en bravant nos guerriers :
Comme dans un filet je prendrai cette armée....
Tu l'as dit, et ta fuite a flétri tes lauriers.

Les voyez-vous tremblans s'elancer dans leur course,
Au seul nom du vainqueur plus tonnant que l'airain ;
Tels qu'un fleuve éperdu remontant vers sa source,
Ils retournent épars sur les rives du Rhin.

Wurmser se relevant de sa juste épouvante,
Dans les rangs ennemis précipite ses pas ;
Et s'ouvrant dans Mantoue une route sanglante,
Il prépare l'Autriche à de nouveaux combats.

Quoi, de tant de revers Vienne n'est pas lassée !
Que nous veulent encor ces étendarts flottans ?
Viens, superbe Alvinzi, ta ruine est tracée ;
Le ciel réserve Arcole à tes vœux imprudens.

C'en est fait : succombant à sa lutte sublime,
Mantoue enfin reçoit nos brillans étendarts,
Et livre à la pitié d'un vainqueur magnanime,
Ce terrible Wurmser, l'Hector de ses remparts.

B 3

Rome à cette nouvelle ébranle ses collines :
Vous tressaillez de joie , ô mânes des Brutus !
Oh ! qui relèvera ces puissantes ruines ?
Guerrier défends ta cause , et soutiens tes vertus.

Il tombe , il est tombé du faîte de la gloire ,
Ce pontife orgueilleux des tributs des humains ;
Il eût pu , l'insensé , désarmer la victoire :
Il brisa l'olivier présenté par nos mains.

Je ne veux point guerrier, irriter ta vengeance.
Qu'un vieillard est sacré dans le sein du malheur !
Plus heureux qu'Attila, sois juste en ta clémence ;
Honore l'infortune en détrônant l'erreur.

Les arts dont ce pontife augmenta les merveilles ,
Ce musée éclatant protégé par son nom ,
Ce Capitole antique illustré par ses veilles ,
Tout dans Rome embellie implore son pardon.

Laisse-lui ses palais , son faste , sa richesse ,
Ses superbes jardins par ses soins aggrandis ;
Qu'il puisse aux arts sauveurs consacrant sa vieillesse ,
S'acquitter par ses dons envers leurs favoris.

De Rome cependant n'abbaisse point la gloire ;
Remplis l'espoir sacré des descendans de Mars ;
Que le Tybre applaudisse à ta juste victoire :
Soumets au peuple-roi l'héritier des Césars.

(23)

En vain à ses revers ton ame trop sensible,
Tenteroit d'affermir son empire incertain ;
Son instant est venu ; sur un livre inflexible
L'opinion puissante a marqué son destin.

C'est à toi de fermer ce foyer d'imposture.
Que de feux souterrains dorment au Vatican !
Songe qu'on redira dans les races futures :
Le vainqueur de Mantoue éteignit ce volcan.

Ah ! d'un Dieu bienfaiteur n'éteins point la lumière,
Qu'il préside au réveil de l'empire romain ;
Aux sublimes projets le sort souvent contraire,
Ouvre un sentier facile à ton vaste dessein.

Mais prévenant déjà ma lyre impatiente,
Quels solemnels accords font retentir les cieux ?
Du haut des Apennins, quelle scène imposante
Me développe au loin ses replis lumineux ?

Ces chantres, ces héros que la patrie enflamme,
Viennent-ils à l'envi grossir nos étendarts ?
Siècles, de votre poids n'accablez point mon ame !
O vision de gloire épargnez mes regards !

De sages, de guerriers quelle famille immense !
Voilà donc ces vainqueurs, l'élite des humains !
Des âges confondus la course recommence ;
Avec leurs descendans se mêlent les Romains.

B 4

Au milieu des François je vois le grand Camille ;
Doria de l'Autriche abjure le drapeau ;
Le Mincio surpris voit le Tasse et Virgile ;
Et Colomb à leur gloire offre un monde nouveau.

La victoire les suit ; la fière Germanie
Abaisse devant eux son aigle usurpateur.
Réjouis-toi, guerrier, enfant de l'Ausonie,
Vers les remparts de Rome ils guident ta valeur.

C'est par nous, disent-ils, que ton bouillant courage
Franchit de l'Apennin l'obstacle rédouté ;
Quand du terrible Adda tu vainquis le passage,
Le bouclier de Mars veilloit à ton côté.

C'est par nous que ton bras triomphant dans Arcole,
De la fière Mantoue a soumis les remparts,
Mais il faut encor plus, il faut au Capitole,
Du peuple souverain planter les étendarts.

Offrant à l'univers un sublime spectacle,
Tu dois du nom romain ressusciter l'éclat ;
Et tu peux sans effort, par un heureux miracle,
Rendre au Tybre étonné son peuple et son sénat.

Toi-même l'as juré sur ton char de victoire,
Viens le jurer encor sur nos vieux monumens ;
L'intrépide Murat, confident de ta gloire,
Aux Champs-Elyséens nous porta tes sermens.

(25)

Ah ! si ton cœur jamais, à nos mânes parjure,
Laissoit l'antique erreur peser sur nos foyers,
Mars trompé dans ses vœux vengeroit notre injure,
Et sur ton jeune front flétriroit tes lauriers.

Des clairons à ces mots la voix retentissante
Remplit tous nos guerriers de l'ardeur des combats;
La gloire agite en l'air sa palme rayonnante,
Et tous les dieux du Tybre accompagnent leurs pas.

ODE

SUR LES MONUMENS

DE ROME. (24)

Il est sans doute, il est des tributs légitimes,
Des gages qu'un vaincu présente à son vainqueur.
Comme Astrée et Vesta la victoire à ses dîmes ;
Espérance du glaive, et prix de la valeur.

Mais de Rome et des arts n'outrageons pas la gloire ;
A l'altière Bellonne associons Thémis ;
Et d'un nouveau triomphe étonnant la victoire,
Par des soins généreux domptons nos ennemis.

Rome enfin nous reçoit dans son enceinte auguste :
Je l'ai juré, ses dieux ont reçu mes sermens.
François à son aspect, deviens plus grand, sois juste ;
Avec la liberté rends-lui ses monumens.

Pourquoi de ses trésors déshériter le Tybre ?
Crains autant qu'un revers un succès odieux.
Vois-tu cette cité, veuve d'un peuple libre ;
Que lui restera-t-il si tu ravis ses dieux ?

(27)

Ces marbres imposans, miracles du génie,
Qui peuploient son Forum, ses thermes, son sénat,
Parés des souvenirs de l'antique Ausonie,
Reçoivent de leur site un immortel éclat.

Transportez dans nos murs ce dieu du Capitole,
Ce chef-d'œuvre des arts non encor égalé :
Ce n'est plus Apollon, c'est une vaine idole,
C'est un roi fugitif de son trône exilé.

Ce beau ciel, cette terre en merveilles féconde,
Ce cortége de dieux dont il brille entouré,
Tout embellit encor le bienfaiteur du monde,
Et son regard me dit : *Pithon est expiré*.

A ces gladiateurs ouvrez ce cirque immense,
Vestales, magistrats, peuple, prenez vos rangs;
Rome, ainsi qu'aux beaux jours de sa magnificence,
Applaudit toute entière à ces deux concurrens.

L'un s'élançant armé de son glaive fidèle,
Se baisse en étendant son bras souple et nerveux :
L'autre, atteint dans le flanc, courbe son front, chancelle,
Et sur son bouclier tombe et ferme les yeux.

Cessez combats sanglans, j'apperçois Cythérée.
O fille de Neptune, et mère des Latins !
Pourrois-je t'arracher de la terre sacrée
Qui m'entretient de Mars, d'Enée et des Romains?

Flore plus loin m'appelle à sa pompe mystique.
Que j'entrevois d'attraits sous son voile enchanteur !
Salut, bonne Déesse ! oh ! ce chef-d'œuvre antique,
D'un saint recueillement pénètre encor mon cœur.

Quel cri s'est échappé de ce marbre sensible !
C'est toi Laocoon ! ô père malheureux !
Défendras-tu tes fils de ce monstre invincible ?
Tu succombes pressé par d'homicides nœuds.

D'horreur et de pitié quel mélange sublime !
Le père d'Apollon implore en vain les traits.
De son seul désespoir il ne meurt point victime ;
Le trépas de ses fils est peint dans tous ses traits.

Il expire. . . . ah ! du moins un sentiment de joie
Brille comme un éclair dans sa sombre douleur :
Il voit cette cité, fille auguste de Troye ;
Et Rome de sa mort semble adoucir l'horreur.

Mais quel Dieu dans mes sens verse un nouveau délire ?
Polymnie, ô Bacchus, reconnoît ton pouvoir.
L'immortel Évohé retentit sur ma lyre,
Et le thyrse joyeux bannit le désespoir.

Oh ! répands sur mes vers ta coupe enchanteresse,
Dieu brillant du nectar ! je me mêle à tes jeux.
Bacchantes, égypans, secondez mon ivresse,
Et du pampre sacré couronnez mes cheveux.

Que ne peut le génie en présence de Rome !
Je crois revoir sa pompe et ses jours solemnels ;
Mais que ne peut sur-tout le marbre d'un grand homme !
C'est là que les héros triomphent des mortels.

L'imagination de leur gloire occupée
Cherche dans le sénat Caton, Cincinnatus ;
Voilà donc ô Romains ! cet imposant Pompée,
Qui vit tomber César sous le fer de Brutus.

Quelles hautes leçons ! quels pensers magnanimes
Enfantent à nos yeux ces féconds monumens !
Enfouis dans nos murs , tous ces restes sublimes
Pourroient-ils réveiller les mêmes sentimens ?

Non, il faut les chercher dans cette vaste école
Qne le génie orna de ses savantes mains.
Courez , jeunesse ardente , allez au Capitole,
Allez reconquérir des souvenirs romains.

Là vous pourrez puiser ces vertus héroïques,
Ce culte ardent des lois, plus sûr que les autels,
Cette fermeté noble et ces mœurs domestiqnes,
De la liberté sainte alimens immortels.

Comme un cristal enfante un rapide incendie,
Et des traits du soleil forme un soleil nouveau,
Rome par ses débris se relève aggrandie,
Et dans tout son éclat rallume son flambeau.

Dans l'âge de l'ivresse et de l'indépendance,
Combien ses monumens élevèrent mon cœur !
J'interrogeois sa gloire, et dans sa décadence,
Ma pensée assistoit au jour de sa grandeur.

Là je jurai sur-tout d'être humain, d'être juste,
D'honorer la valeur, le génie oublié,
De vaincre un oppresseur par un silence auguste,
Et de servir les arts, les mœurs et l'amitié.

O François ! si ma lyre au milieu des tempêtes
A pu vous rallier autour de la vertu,
Par d'illustres bienfaits méritez vos conquêtes,
Et d'un bras triomphant relevez le vaincu.

N'irritez point un peuple au sein de l'esclavage
Idolâtre des arts et de la liberté ;
Son cœur comme au bienfait est sensible à l'outrage,
Et sa vengeance aveugle égale sa fierté.

Le malheur qui toujours s'ouvre les cœurs sensibles,
Aigrira contre vous l'univers allarmé.
Ces colonnes des cieux, ces Alpes invincibles
Ne pourront arrêter le cri de l'opprimé.

Némésis recueillant cette voix lamentable,
La fera retentir jusqn'au fond des enfers.
On suivra votre exemple ; et Mars plus implacable
Effraîra nos neveux par de nouveaux revers.

Ah ! plus étincelant que l'éclat des trophées,
Un trait de bienfaisance attire tous les yeux ;
Le tems le rajeunit sur le luth des Orphées ;
Et Phœbus le répète à la table des Dieux.

Si la ville de Mars, dans les jours de sa gloire,
Des trésors des vaincus enrichit ses héros,
Souvent la bienfaisance annoblit sa victoire,
Et les peuples vengés bénirent ses drapeaux.

Diane en vain conquise est conduite à Carthage ;
Contre ses ravisseurs elle arme les Romains ;
Et je relis ces mots au bas de son image :
Scipion rend Diane aux vœux des Ségestains.

ODE

AUX REPUBLIQUES D'ITALIE.

Salve magna parens frugum, Saturnia tellus,
Magna virum. VIRG. GÉORGIQ.

SALUT marbres divins, salut pompes du Tybre !
Du fond de ces tombeaux où sommeillent tes droits,
Peuple, entends-tu tonner ce cri puissant , *Sois libre !*
Ce cri qui sur leur trône épouvante les rois.

Avec ivresse encor je contemple et j'écoute
Ces débris éloquens riches de leurs destins ,
Cet antique Forum où lassé de ma route,
Je fixai mes regards et mes pas incertains.

O Temple de la paix dans mon ame enflammée
Ta ruine fit naître un sentiment nouveau !
Voilà cette colonne en siége transformée
Où des derniers Romains je traçai le tableau.

Là d'un élan secret me plongeant dans les âges,
J'égarois ma pensée au-delà de ces bords ;
J'embrassais l'Italie , et déroulant ses pages,
De ses peuples divers j'admirois les efforts.

Je

Je contemplois Venise asservissant les ondes ;
Pise aux bords du Jourdain portant ses étendards ;
Gênes de sa fortune occupant les deux mondes ;
Et Florence deux fois ressuscitant les arts.

Ah ! disois-je, en pleurant leurs querelles fatales,
Par leurs divisions ils furent trop punis ;
Que d'éclat orneroit leurs brillantes annales,
Si pour la même cause ils marchoient réunis !

Armés par la valeur, guidés par le génie,
Protégés par les mers, les Alpes, l'Apennin,
Forts de leur ascendant, les peuples d'Ausonie
S'élèveroient encore à leur premier destin.

Quai-je dit ? c'en est fait ! la discorde trompée
Ne viendra plus troubler l'empire de la loi,
Du trône et de l'autel la puissance usurpée
S'abaisse avec respect devant le peuple-roi.

Oui vous l'avez formé ce complot magnanime ;
Emules des François, ô généreux Lombards !
Vous ouvrez la carrière ; et d'un élan sublime
Vous devancez déjà les descendans de Mars.

Quelle cause plus belle anima l'éloquence !
Non, non, elle appartient aux enfans d'Apollon ;
La lyre, ô liberté ! consacra ta naissance ;
Toi-même la remis dans les mains de Solon.

C

Peuple , pour conquérir cette déesse auguste ,
C'est peu d'avoir brisé le sceptre des tyrans ,
Il faut subir son joug , et plus grand et plus juste ,
Fonder sur la vertu l'égalité des rangs.

Il faut que de l'Etat protectrice adorée
La loi venge le faible et frappe l'oppresseur ;
Que chaque citoyen , sous son ombre sacrée ,
Dans le bonheur commun trouve un nouveau bonheur.

La liberté naissante est sans doute orageuse ;
Mille obstacles divers en défendent l'accès ;
Mais qui peut refroidir votre ardeur courageuse ?
Les périls plus certains doubleront vos succès.

Tempérant le nectar de cette enchanteresse ,
Pour mieux les conserver vous bornerez vos droits.
Qu'un pouvoir protecteur fondé sur la sagesse ,
Vous sauve également des ligueurs et des rois.

Entre ces deux écueils tel que l'adroit Ulisse ,
Il bravera des mers les monstres abboyans ;
Et vainqueur de Scylla , par un noble artifice ,
Il trompera Carybde et ses flots tournoyans.

Des pièges de l'orgueil et de la flatterie
Qu'il soit sur-tout instruit par la voix d'un sénat ;
A ce sénat jaloux opposez la patrie ,
Et par leur triple lutte affermissez l'Etat.

Comme ce feu divin nourri par les Vestales,
La chaste liberté veut des soins assidus;
Il faut la confier à des mains virginales;
Il faut l'entretenir par d'austères vertus.

Puissent des magistrats plus libres et plus sages,
Par d'utiles travaux enrichir vos cités!
Réformant par leurs soins vos frivoles usages,
Régénérer vos mœurs dans vos solemnités.

Dans vos pompes toujours présentez la patrie;
Qu'elle charme vos jeux, vos amours, vos festins;
Et sans cesse occupés de son idolâtrie,
Remontez par son culte à vos brillans destins.

Pour embellir ces jeux vous avez l'harmonie;
Le ciel vous accorda la lyre et le pinceau;
D'illustres souvenirs à l'antique Ausonie
Vous attachent encor par un lien nouveau.

Rappelez vos ayeux dans ces augustes fêtes;
Couronnez le génie, enflammez la valeur;
Par les combats du cirque enfantez des conquêtes;
Et comme la vertu consacrez le malheur.

Qu'un Dieu bon, dégagé de fantômes sinistres,
Base de la morale, autorise vos lois;
Que son dogme soit pur, et s'il a des ministres,
Du peuple souverain qu'ils respectent les droits.

Instruits par nos revers, alliez à la gloire
La douce humanité ; ce premier des pouvoirs ;
Des crimes, des vertus composent notre histoire,
Sur sa page sanglante apprenez vos devoirs.

O vous que de ses dons enrichit la fortune,
Quittez pour des vertus vos honneurs fastueux ;
Lorsqu'un réveil terrible a soulevé Neptune,
Que peut contre ses flots l'orgueil présomptueux.

De l'erreur qui s'écroule abandonnez l'empire,
Son obstacle insensé causa tous nos malheurs ;
Ne souillez point ces bords où j'ai touché la lyre,
Ces bords que la nature orna de ses faveurs.

Et toi, Peuple, en ouvrant ton auguste carrière,
Redoute les flatteurs et leurs dons criminels ;
De la propriété respecte la barrière ;
Le dieu Therme chez vous eut ses premiers autels.

Sur le mépris de l'or établis ta puissance ;
Du choc des factions n'ébranle point tes droits.
Vienne forgea tes fers au sein de la licence :
Pour mieux briser son joug porte le joug des lois.

Dès-lors la liberté, sous leur garde intrépide,
De l'heureuse abondance amenant les trésors,
Reverra l'Ausonie et contre son égide
Les siècles et les rois briseront leurs efforts.

Mais déployant déjà son écharpe éclatante;
Elle-même descend du haut de l'Apennin,
Elle instruit les guerriers, et sa main triomphante
Leur apporte sa lance et ses tables d'airain.

Vingt superbes cités, nos filles adoptives,
Vengent sur les Germains l'opprobre de leurs fers;
Et poursuivant au loin leurs hordes fugitives,
A nos drapeaux vainqueurs promettent l'Univers.

Les peuples réveillés par leur sublime exemple,
Viendront au Capitole admirer leurs exploits.
La paix, l'auguste paix relèvera son temple,
Et ma lyre à leur pompe ira mêler sa voix.

C 3

PÉTRARQUE,

Ou chant sur la guerre civile.

Sur ces Alpes inaccessibles
Qui dominent les airs de leur front souverain,
    Mégère et ses sœurs inflexibles
De la guerre civile avoient frappé l'airain.

    Tel que la cloche aux sons funèbres,
Qui semble au loin gémir sur le jour expirant,
    Ce bruit émut les bords célèbres
Où le Pô de son urne épanche le torrent.

    Là, seul, dans sa douleur sauvage,
Pétrarque à son amante offroit de vains regrets ;
    Et sa lyre dans le veuvage,
Reposoit détendue aux branches d'un cyprès.

    Son cœur à ce signal frissonne :
Il voit flotter par-tout des étendards rivaux ;
    Il voit Némésis et Bellonne
A leur char fratricide atteler leurs chevaux.

    Dans cette lice meurtrière,
Des glaives étrangers frappent ses yeux surpris.....
    Tu venois, perfide Bavière,
Repaître ton orgueil sur de sanglans débris.

Soudain , la patrie éperdue
De Laure dans son cœur fait taire le trépas ,
Il prend sa lyre suspendue ,
Et dans les rangs guerriers précipite ses pas.

Le malheur qui le décolore ,
Ses vêtemens de deuil, ses longs cheveux épars ,
Et son nom et celui de Laure ,
Etonnent les esprits et fixent les regards.

Son luth commande le silence ,
On entoure à l'envi le chantre des amours ;
Et Mars appuyé sur sa lance ,
Dans son sein belliqueux recueille ce discours :

Cruels de vos bras sanguinaires
Venez-vous creuser vos tombeaux ?
Pourquoi ces aigles mercenaires
Sont-ils mêlés à vos drapeaux ?
Cette alliance inviolable ,
Ce pacte signé par vos mains ,
Sera-t-il plus inaltérable
Dans le cœur vénal des Germains?

Mère attentive et bienfaisante ,
La nature éleva pour nous
Ces Alpes , barrière imposante ,
Où dut se briser leur courroux:

Et bravant ses lois souveraines,
Nous, artisans de nos malheurs,
Pour assouvir d'injustes haines,
Nous appellons nos oppresseurs.

Ainsi, dans une même enceinte,
Les troupeaux amis de la paix,
Crédules, dormiront sans crainte
Avec les monstres des forêts!
O honte! Leur antre sauvage
Nous vomit ces Cimbres vaincus;
Et le Pô, d'un sanglant breuvage,
Calma la soif de Marius.

Bientôt jusques dans leurs repaires
Nous forçâmes ces vils troupeaux;
Le Rhin sur ses bords tributaires
Vit flotter nos heureux drapeaux.
César dans Rome satisfaite
Traîna leurs rois chargés de fers,
Et s'essaya par leur défaite,
A l'empire de l'Univers.

Insensés !.... Quel espoir frivole
Fondez-vous sur ces alliés ?
Rome et l'affront du Capitole
Seront-ils jamais oubliés !....
Rienzi, parjure à ma lyre,
Vient d'expier ses attentats;
L'Italie à peine respire,
Qu'aux Germains vous tendez les bras.

Bientôt enrichis de vos pertes,
Ces étrangers ambitieux,
Fouleront vos cités désertes
De leurs coursiers victorieux.
De leur parricide alliance
Vous goûterez les fruits amers !
Vous saurez, après la vengeance,
Le poids que pèseront leurs fers.

Ah ! prévenez votre ruine,
Voyez errer sur des tombeaux
La pâle et hideuse famine,
Leur disputant d'affreux lambeaux.
Par vos fils, vos tendres épouses,
Au nom de la patrie en deuil,
Etouffez vos haines jalouses,
A la paix immolez l'orgueil.

Bienfaitrice de la nature,
La paix repeuple nos remparts,
Des champs anime la culture,
Relève l'empire des arts.
A l'erreur sa bonté pardonne,
Elle protège les vertus ;
Et les états qu'elle abandonne
Tombent l'un sur l'autre abattus.

Ce rivage de mon enfance
N'est-il point le berceau chéri
Où , dans les jours de l'innocence,
Je fus si doucement nourri ?

Pour moi cette terre est sacrée,
Là je pleure plus d'un trépas :
Un père, une mère adorée
Y dorment.... ne les troublez pas.....

Là même..... Il poursuivoit encore,
Les sanglots dans sa bouche arrêtent son discours :
Il n'ose hélas ! parler de Laure ;
Sa douleur dit assez sa perte et ses amours.

Soudain, ô pouvoir de la lyre !
Tous ces guerriers vaincus par la douce pitié,
Abjurent un fatal délire,
Et sous leurs étendards vint s'asseoir l'amitié.

La paix, fille de l'harmonie,
Couronna des amours le chantre révéré,
Et l'aigle de la Germanie
Loin de ces bords heureux s'enfuit désespéré.

Clopinel (1) allongeoit le roman de la rose,

(1) Clopinel, ou Jean Demeun, camarade et ami du Dante, vécut jusqu'au tems du roi Charles V, auquel il dédia son Dodecadron ; il continua le roman de la Rose, quarante ans après la mort de Guillaume de Loris, auteur de cet ouvrage. Jean Molinet le fit réimprimer en prose en 1521, malgré le traité latin que le grave Gerson, chancellier de l'Université de Paris, publia contre ce roman.

Long-tems après Villon (2) nous rimoit des rondeaux;

(2) Villon naquit en 1431. Condamné par le châtelet à être pendu pour un délit assez grave, il en appella au parlement par des requêtes poétiques. Il dut la vie à ses deux testamens et à ses deux épitaphes. Le parlement commençoit déjà à sentir le pouvoir de la poésie; on adoucit la peine, et le poëte banni de sa patrie se consola par des ballades et des rondeaux.

Dubois (3) à son lutrin rêvoit des chants-royaux ;

(3) Guillaume Dubois, dit Crétin, vécut sous Charles VIII, Louis XII et François premier. A sa dignité de chantre de la Sainte chapelle de Paris, il ajoutoit la qualité de chroniqueur du roi ; aussi Marot lui dédia-t-il une épigramme avec ce titre : *A monsieur Crétin, souverain poëte françois.*

Saint-Gelais (4) du sonnet cherchant le cadre juste,

(4) On assure que Saint-Gelais nous apporta le sonnet de l'Université de Padoue, où il avoit été étudier. Il

connoissoit parfaitement la poésie italienne ; il étoit retourné deux fois en Italie ; il excelloit dans la musique, et personne ne savoit mieux que lui , accompagner avec la guitare ses vers galans. Il dut sur-tout à ses élégies et à ses épîtres le surnom d'Ovide françois.

Le confessionnal succède à l'échafaud (5) :

(5) Nous ne rappellons ici ce vertige pieux que pour mieux graver dans les esprits cette vérité de tous les siècles qui s'applique à toutes les sectes.

La persécution enfante les martyrs.

Voyez-vous dans Prato ce généreux Toscan (6)

(6) Tout le monde sait avec quel courage l'évêque de Pistoye affranchit sa patrie de la superstition. Ce fut à Prato qu'il fit brûler publiquement la ceinture de la Madone qu'on y révéroit depuis plusieurs siècles. Il faillit lui-même être brûlé par quelques dévots qui se vengérent de son impiété sur sa chaire épiscopale : elle fut livrée aux flammes par représailles ; mais ses utiles réformes n'en subsistèrent pas moins.

Tiraboschi des arts éternise l'histoire (7) ;

(7) Tout le monde connoît la grande histoire littéraire de *Tiraboschi*. Quel dommage que ce savant laborieux ait consacré sa plume à des sujets moins intéressans ! Etoit-il bien nécessaire de nous donner en deux volumes in-folio , les annales d'un couvent ? Qu'auroit-on dit de Tite-Live , s'il eût écrit l'histoire des prêtres Saliens, plus longuement que celle de Rome ? Ce savant vivoit encore , quand j'écrivois cet essai ; sa mort prématurée est une perte irréparable pour les lettres.

Dans leur langue à Mantoue *Andres* venge leur gloire (8).

(8) *Andres*, jésuite espagnol, qui s'est fixé à Mantoue, et qui écrit l'italien aussi purement que Tirasbochi.

Et d'un autre Ouranos approfondit les feux (9) ;

(9) Slop , astronome de Pise , est le premier qui ait donné la forme précise de l'astre d'Herschell , et son rang parmi les autres corps célestes. J'en ai parlé ainsi dans un autre endroit :

> En vain pour se cacher à son œil vigilant,
> Ouranos resserra son disque étincelant ;
> Il marqua sa distance et son orbe elliptique,
> L'inclina d'un degré sur la ligne écliptique,
> Et réglant pour jamais ses sinueux détours,
> Au-delà de Saturne il dirigea son cours.

D'un Galien nouveau Sienne est favorisée (10).

(10) Sienne est doublement chere à Apollon pour ses Esculapes et ses improviseurs. Ce fut dans ses murs que naquit le fameux Perfetti .couronné au Capitole.

Turin nous a cédé son modeste Newton (11).

(11) Grosley , dans ses observations sur l'Italie , parle d'un jeune géomètre appelé *La Gragna* , qui annonçoit à Turin les dispositions les plus étonnantes ; c'est de ce jeune *la Gragna*, que nous est venu le célèbre *La Grange*. Il paroît que Grosley ne se trompoit pas dans ses calculs.

Et toi, *Spallanzani* (12) , qui méprisas l'envie ;

(12) On connoît assez les expériences de Spallanzani. Celle de la chienne qui a tant été combattue , fut heureusement renouvelée à Pise ; j'ai même vu dans cette ville la seringue miraculeuse. --- Après avoir manqué d'être empalé par les Musulmans, pour avoir écorché un chameau, Spallanzani étoit revenu dans sa patrie, au lieu des honneurs qu'il attendoit, il fut bien surpris

de trouver tout Pavie soulevé contre lui, par son élève *Volta*. Celui-ci en me montrant le Musée public dont il étoit le *Custode*, me désigna la place de 80 vases d'orangers, que Spallanzani avoit, disoit-il, subtilement enlevés pour son cabinet de Modène, pendant qu'il étoit à Constantinople. *Ab uno disce omines*. Cette imposture, adroitement semée par tous les clairons de la calomnie, fut bientôt appuyée par de bonnes ames, qui seroient bien fâchées de ne pas ajouter foi à une histoire scandaleuse :

Tant l'homme né si bon croit aisément le mal.

Ce qui autorisoit sur-tout cette calomnie, étoit le silence profond de Spallanzani, réponse ordinaire du génie outragé. Ce silence passa pour une conviction, dans la ville ; et je ne trouvai guère qu'un Olivetain, qui prit hautement sa défense. Enfin l'empereur Joseph voulut juger lui-même ce procès, en passant par Pavie ; le résultat de la procédure fut que Spallanzani étoit innocent, et que Volta avoit voulu lui souffler sa place, et le punir de ses succès. Quand on voit se passer de pareilles horreurs parmi les hommes qui cultivent les arts, on doit rougir d'être homme, et s'envelopper de son manteau.

Qui jamais promit plus dès sa tendre jeunesse ? (13)

(13) Ce fut dans la solitude de Mont-Olivetto Maggiore, que Bertola composa, à l'âge de dix-huit ans, ses Nuits Clémentines, paraphrasées par Caraccioli. Inspiré par l'aspect sauvage de sa retraite, il déploya dans ce poëme des beautés mâles que l'attrait du plaisir lui fit bientôt oublier.

Qui des Celtes guerriers célébra les travaux (14).

(14) Cesarotti s'est fait connoître sur-tout par sa traduction d'Ossian, en *versi sciolti*. On la préfère de beaucoup à celle d'Homère qui l'a suivie.

Pour Clio fuit Vénus, et Tacite est son guide (15).

(15) Rien n'est plus agréable que les élégies amoureuses de Savioli. Ce sénateur de Bologne a renoncé aux muses, pour écrire l'histoire de sa patrie.

Et d'une robe antique habille Melpomène (16) ;

(16) Alfieri a tellement imité le style acerbe du Dante, qu'une dame de Sienne lui dit un jour : Mon cher comte, si vous voulez que je vous lise, faites-vous traduire en italien. Malgré ses défauts, on ne peut s'empêcher d'admirer dans ses tragédies des beautés du premier ordre.

Pindelmonte (17) à Moschus enlève ses pinceaux ;

(17) Pindelmonte a donné des poésies champêtres qui réuniroient tous les suffrages, s'il avoit mis dans ses vers autant de simplicité que d'élégance, on peut faire le même reproche à *Pignotti*.

L'élégant *Parini* (18), digne rival d'Horace,

(18) *Parini* a été appellé par Betinelli, l'Horace de l'Italie, et aucun n'a réclamé. Ses quatre parties du jour seroient parfaites, s'il n'avoit pas trop prodigué l'ironie ; il a aussi déployé un grand talent dans le genre lyrique.

Cet Andès (19) où Titire enfla son chalumeau !

(19) Andès est un petit hameau près de Mantoue, où l'on voit encore la maison de Virgile, appelée *les Virgiliannes*. Il est peu de poëtes qui ne l'ayent visitée.

Combien le bon *Andrès* (20) chérira ta présence,

(20) *Betinelli* vient de suivre dans la tombe Tiraboschi. *Andrès* nous console de la mort de ce dernier, par son histoire de la littérature.

(21) Mais déjà d'autres soins appellent ta valeur,

(21) Ces vers sont tirés des Transtévérins.

Sage Betinelli (22), quel funeste Génie,,

(22) Betinelli par son Recueil de la Littérature, et par son poëme des *Racolte*, a mérité d'être placé parmi les meilleurs prosateurs et les meilleurs poëtes d'Italie.

» Bénît ses éléphans (23) et maudit les Chinois;

(23) On sait qu'à Siam le moindre privilége des éléphans est d'être les cousins du roi,

Il est sans doute, il est des tributs légitimes (24),

(24) Lorsque l'esprit de parti s'empare de toutes les têtes ; il est difficile de traiter une question avec une froide impartialité. On loue, ou l'on blâme d'après son opinion : l'on s'aigrit de part et d'autre, et les injures sont les supplémens des raisons. Les débats qui se sont élevés sur le sujet de cette ode en sont la preuve. Des écrivains protecteurs du Saint-Siége ont regardé comme un crime de toucher à ses trésors ; d'autres chaudement passionnés pour le droit de conquête, ont proposé de nous amener ici Rome entière avec tous ses monumens ; et plus aveugles que les Goths qui ne mutilèrent que des statues, ils vouloient anéantir le Musée de l'Europe. Fideles aux principes que nous avons tracés dans les Transtévérins, dans un tems où nos monumens même étoient insultés, nous avons sur-tout désignés dans cette ode les statues qui semblent ranimer Rome par les souvenirs qu'elles inspirent.

Fin.